UNE EXCURSION DANS LES VOSGES.

UNE EXCURSION

DANS

LES VOSGES.

LA VALLÉE DU BLANC-RUPT.

Par ARTHUR BENOIST,
Avocat à la Cour.

NANCY,
Imprimerie de HINZELIN et Comp., Rue Saint-Dizier, 67.
1860.

(Lu à la Conférence littéraire de Nancy en janvier 1860.)

UNE EXCURSION DANS LES VOSGES.

La Vallée du Blanc-Rupt.

I.

« Les voyages, dit Bacon, sont dans la jeunesse une partie de l'éducation, et une partie de l'expérience dans la vieillesse. » Cette pensée si juste et si vraie de l'éminent philosophe voit aujourd'hui son application la plus grande. On n'a jamais voyagé autant ni si loin qu'on le fait actuellement, et ce qui autrefois était l'exception devient la règle générale ; la facilité de locomotion invite les nations à se confondre pacifiquement : elles font connaissance, si je puis m'exprimer ainsi, et, apprenant à s'aimer et à s'estimer par un contact journalier et incessant, elles laissent de côté les vieilles haines et les vieux préjugés, ce qui fait que les voyages, aidés par la vapeur, atteignent ainsi un des plus beaux buts qu'il soit donné à une idée d'atteindre : je veux dire un acheminement vers la pacification universelle.

Mais, *paulo minora canamus*, constatons seulement ici que, si le désir de voir du pays est aujourd'hui si répandu, c'est que tout conspire pour amener ce résultat. A la vue de ces grandes affiches placardées sur les murs de nos villes, à la lecture de ces annonces séduisantes imprimées à la quatrième page de nos journaux, on se sent atteint, malgré soi, de la fièvre de la vapeur, maladie des plus contagieuses; mais, comme le remède est à côté du mal, on monte en wagon et on part. Depuis la classe la plus élevée de la société jusqu'à la classe la plus modeste, chacun ressent les atteintes de cette épidémie : l'administration des chemins de fer, par une heureuse alliance de l'agrément et du bon marché, est toujours sûre d'avoir foule, depuis le train de plaisir à quinze francs pour visiter Paris jusqu'aux trains express qui, moyennant quelques centaines de francs, mènent en peu d'heures aux portes des principales villes de l'Europe. C'est quelque chose de féerique que cette révolution que la vapeur a amenée dans la vie de foule de gens : combien vont voir les fêtes du 15 août et la grande ville et la grande armée, qui autrefois ne connaissaient que les splendeurs douteuses du chef-lieu de leur département; combien dont l'existence tenait quelque peu auparavant du mollusque, et qui actuellement, pendant quinze jours, un mois et plus, visitent tout ou partie des magnifiques pays qui entourent notre belle France !

Je ne veux cependant pas prétendre que cette passion de voyager n'a que de beaux côtés : parfois, peut-être, elle entraîne loin de leur famille des gens qui feraient mieux d'y rester; mais toujours elle élève l'intelligence, et le plus souvent, à des jouissances matérielles, elle substitue des jouissances intellectuelles, elle développe les idées, agrandit les connaissances, et donne, par le contact journalier de personnes différentes, une expérience plus grande des choses de la vie.

Seulement, il faut le dire, on voyage pour se distraire et non pour étudier : on connaît bien, par suite du séjour, les particularités, les habitudes, les mœurs de telle ou telle nation, mais si superficiellement, que le moindre livre et la moindre relation de voyages en auraient autant appris. D'un autre côté, curieux de voir les pays étrangers, on délaisse la France pour aller se faire voler par le change des monnaies et pour aller soutenir des conversations monosyllabiques avec les naturels du pays dans lequel on voyage. Ajoutez à tout cela le bon ton, le genre, et l'esprit d'imitation, et vous aurez le secret de tous ces voyages à la mode, de ces séjours aux bains de mer, aux maisons de jeu, qui donneront à celui qui reviendra le plaisir de dire à celui qui est resté cloué à son fauteuil par sa position : « Je viens de Dieppe, de Trouville, de Bade, ou bien de visiter l'Oberland bernois ou les bords du Rhin. » On a dans la tête, je le veux, le souvenir de quelques beaux points de vue, de quelques magnifiques panoramas, de quelques splendides basiliques; dans le cœur, le souvenir de quelque gentil minois, hélas ! trop vite disparu; dans la mémoire, le souvenir de quelques épisodes particuliers; mais, somme toute, si on peut jeter sur le papier des impressions écrites à la hâte, on ne pourrait creuser son sujet et l'étudier profondément, en ne consultant que ses propres idées et ses seuls souvenirs. C'est que, pour connaître un peu une population, quelle qu'elle soit, il faut vivre de sa vie propre, s'identifier à elle par le mélange de ses habitudes et de sa manière d'être ; il faut voir, enfin, souvent et longtemps pour grouper un trait de mœurs et quintessencier, en quelque sorte, en peu de mots, ce qui a paru saillant dans des faits souvent répétés. Alors, toute province offre d'amples sujets d'observations au peintre, au romancier, au chroniqueur. C'est cette étude, la plus intéressante, à mon avis, puisqu'elle nous initie à la connaissance approfondie, comme de nous-mêmes, pour ainsi dire, d'une population donnée, que je vais essayer de tracer dans ce modeste travail.

Il n'y a pas que les pays étrangers qui offrent au touriste les grandes beautés de la nature, les splendides chefs-d'œuvre de l'art humain : la France revendique pour elle une grande part de l'une et de l'autre de ces gloires ; Paris, Lyon, Bordeaux, Strasbourg et bien d'autres villes encore peuvent montrer à l'étranger émerveillé, des beautés qui frapperont son imagination, eût-il parcouru l'Europe entière. Les Pyrénées, l'Auvergne, les montagnes voisines de la Savoie, le Jura, les Vosges, ont aussi leur intérêt puissant et sérieux, et on peut admirer le lac de Gérardmer et la vallée de Celles, après avoir visité le lac de Lucerne et Interlaken. Arrêtons-nous donc un instant devant cette partie de notre ancienne Lorraine que l'on nomme les Vosges, et, dans cette immense étendue de forêts, de lacs, de rivières et de villages, choisissons une de ces nombreuses vallées toutes d'une beauté particulière et sympathique, et, après avoir étudié le pays et son genre d'industrie, étudions les hommes.

II.

La vallée du Blanc-Rupt est une des moins connues et des moins fréquentées des Vosges, et cependant, elle mérite certainement, autant que bien d'autres, d'être explorée ou tout au moins visitée. A quoi tient cette absence de voyageurs ? A une cause toute française d'abord : c'est que, parmi les nombreux travers que nous possédons, nous avons celui de dédaigner les plaisirs qui sont à notre portée ; au lieu de visiter à peu de frais, sans danger ni fatigue, quelques unes des belles contrées de notre patrie, ce qui aurait l'avantage de nous la faire connaître, nous nous hâtons de franchir la frontière, de secouer la poussière nationale, pour voir des choses que nous avons parées des plus brillantes couleurs de notre imagination, mais qui, en face de la réalité, sont loin de valoir celles que nous avons près de nous. Il faut dire aussi que le Français est bien moins avancé que bon nombre d'autres peuples dans l'art difficile d'attirer l'étranger. Ah ! s'il avait seulement la centième partie du talent que possèdent ces lourds, mais rusés Badois pour faire valoir leur pays, que de touristes viendraient visiter les Vosges ! Mais non : il n'y a pas de bancs sur les routes ; il n'y a pas d'allées sablées pour conduire aux ruines, aux lacs, sur les montagnes ; il n'y a pas de restaurants sur tous ces points, il n'y a pas d'hôtels de France, d'Angleterre ou de Russie, dont les laquais en habit noir et cravate blanche, en faction sous le pérystile, ressemblent à ces araignées qui guettent leur proie ; obséquieux à l'arrivée du voyageur, ils lui tournent le dos à son départ. Il y a quatre ou cinq domestiques lorsque vous descendez de voiture : c'est à qui portera votre malle, votre parapluie, votre manteau ; ils sont importuns, à force de vouloir être zélés. Lorsque vous partez, vous n'en trouverez pas un pour aller chercher une voiture, heureux si, au bout d'une demi-heure, vous avez pu parvenir à faire enlever vos effets ; cela se comprend : on a sucé votre sang, c'est-à-dire votre bourse ; vous n'êtes maintenant plus bon à rien : à quoi sert même d'être poli ?

Il n'y a rien de tout cela dans les Vosges ; on ne trouve, pour conduire aux lacs et aux ruines, que des chemins tracés plutôt par la nature que par la main de l'homme : les pierres y abondent, les quartiers de rochers y montrent leurs têtes usées par la roue des voitures ; on ne trouve que des ruines tout bêtement naturelles, encadrées d'une façon pittoresque par un paysage que l'on n'a pas fait exprès ; on n'y sent pas, il est vrai, entre une tour et un mur à moitié écroulé, l'odeur d'un beefsteak et les émanations de la cuisine d'un restaurant ; on n'y entend pas la prosaïque voix d'un prosaïque touriste crier : « Garçon ! une côtelette aux pommes ! » on n'y voit pas vingt personnes attablées, mangeant et buvant, pour une qui, la longue-vue à la main, suit les magnifiques contours du paysage. Non, mille fois non, mais on y sent les émanations délicieuses et pures que répandent les plantes que Dieu seul a fait pousser, l'odeur bienfaisante et fortifiante de la résine des sapins ; mais on y entend crier le geai ou le hibou qui s'enfuit à votre approche, vous maudissant de troubler sa chère solitude ; mais on se recueille au milieu d'un silence imposant et majestueux, et, au lieu de ruines étayées par des murs de soutènement, enduits d'un ciment nouvellement façonné, on y voit les murs tels que le temps les a faits, on évoque les souvenirs des seigneurs qui autrefois ont mené joyeuse et brillante vie, et, reconstruisant par l'imagination ce castel délabré, on se représente la dame de céans sortant par la poterne sur sa blanche haquenée, son page, le faucon au poing, et tous les gens de sa suite, sans crainte d'avoir le regard attristé et l'imagination subitement enrayée par la perspective d'un monsieur qui dévore gloutonnement du pâté de Strasbourg ou d'ailleurs. Il y a enfin dans les Vosges des hôtels qui n'ont pas de nom, mais que tout le monde dans le village vous indiquera ; ce qu'on y mange est pur et bon, le gibier et le poisson y abondent, les truites surtout y sont délicieuses ; mais le prix est modique, le maître de l'établissement ne gagne sur chaque voyageur qu'un modeste bénéfice et on en a vu bien peu faire rapidement fortune ; il vit modestement, heureux de son sort, et ne compte pas se retirer au bout de dix ans, la bourse ronde et bien garnie : mais aussi il ne fait payer au voyageur, heureux de trouver enfin un homme raisonnable pour aubergiste, ni bougie, ni service, ni portier, ni foule d'autres accessoires qu'il serait trop long d'énumérer.

Tels sont, je crois, quelques uns des principaux motifs qui font qu'on ne visite pas assez les Vosges ; j'avoue, toutefois, qu'on n'y a pas le confortable auquel on est trop porté à s'habituer en voyage ; le service des voitures n'est peut-être pas organisé : mais, en définitive, quand on cherche, on trouve, et il y a plus de plaisir à voyager, quand on veut voir la nature, dans un pays où elle est livrée à elle-même, que dans celui où, à côté de splendides paysages, la main de l'homme se laisse trop apercevoir partout ; je préfère la nature telle que la main de Dieu l'a tracée que telle que les aubergistes l'ont transformée.

Mais, laissant de côté cette digression à laquelle je me suis trop laissé entraîner par le désir que j'ai de voir les Vosges plus admirées et plus visitées qu'elles ne le sont, j'arrive à confesser en toute franchise que, si certaines routes laissent à désirer, celle du Blanc-Rupt est une des plus effrayantes pour le touriste, quelqu'endurci qu'il puisse être. C'est l'indication d'une route, mais ce n'est pas une route ; jamais voiture suspendue n'a osé s'aventurer sur la plus petite partie de son parcours ; ici, ce sont des rochers de grès et d'énormes pierres roulées, sur lesquels la roue de quelques rares voitures a fini par creuser son sillon : là, c'est une source qui donne au chemin une certaine ressemblance avec une rivière ; on est obligé de gravir un sentier de détour dans la montagne, pour ne pas avoir d'eau jusqu'à mi-jambe ; finalement, c'est une route d'un pittoresque trop excessif : aussi toute la vallée n'a-t-elle qu'une voix pour s'en plaindre.

Il y a quelques années, tous les propriétaires de forêts du Blanc-Rupt s'étaient réunis et avaient cherché le moyen de rendre la route praticable aux voitures ; des plans avaient été tracés, des devis avaient été faits, l'administration devait mettre sa quote-part, les propriétaires la leur : tout semblait toucher à bonne fin, lorsque je ne sais quelle opposition renversa de si beaux et de si utiles projets. Depuis, tout est resté dans le silence, et la route, loin de s'améliorer, ne fait que devenir de plus en plus mauvaise.

Ne serait-il pas temps aujourd'hui de remettre à l'ordre du jour une question d'un si haut intérêt? Ce n'est pas seulement à quelques particuliers que cette route serait profitable, c'est aussi à des contrées tout entières, à l'Etat lui-même. Elle serait, en effet, une artère de communication entre l'Alsace et la Lorraine : les produits de ces deux pays s'échangeraient facilement, au lieu de se consommer sur place ou d'absorber une grande partie des profits par les frais de transport ; elle augmenterait la valeur des forêts de l'Etat, qui longent tout un côté de la vallée du Blanc-Rupt, par le prix plus élevé de la vente des coupes ; elle permettrait aux propriétaires de tirer un revenu plus considérable de leurs forêts et de leurs terres et accroîtrait ainsi de toutes manières la richesse publique.

L'Empereur a parfaitement compris quel élément de prospérité la France trouverait dans un réseau de chemins plus complet et mieux entretenu ; il a, au commencement de cette année, consacré des sommes considérables aux dépenses de la voirie, convaincu que c'est là une des premières bases pour asseoir la fortune matérielle du pays. Le canal des houillères va être prochainement commencé : il serait d'un puissant secours pour la route du Blanc-Rupt, qui, nous l'espérons, profitera de cette impulsion actuelle si puissante, et qui ne sera pas oubliée au milieu des réclamations sans nombre qui vont s'élever de tous les points de la France. Nous en avons pour garant l'intérêt de l'Etat et l'heureux choix de M. Chevandier comme rapporteur de la commission chargée d'examiner le projet de loi sur les routes forestières. Il se fera, nous n'en doutons pas, le défenseur des intérêts du pays qu'il représente, et comprendra les avantages puissants et généraux de cette question : aussi voyons-nous dans cette nomination un heureux augure pour nos espérances.

Passons, et, de la route, arrivons au pays où elle conduit. La vallée du Blanc-Rupt est d'un aspect assez sauvage : resserrée dans presque tout son parcours, elle est bordée de bois des deux côtés. La rivière de Sarre, ombragée par des arbres d'un effet pittoresque, serpente capricieusement dans l'étroit espace où la main de Dieu lui a permis de rouler. Cette rivière n'est pas dépourvue d'originalité : les pierres grosses et petites y fourmillent toujours, tandis que, souvent, l'eau manque totalement, si bien que, si elle n'avait pas ses saules et ses aulnes qui la bordent, on serait presque tenté de se demander si c'est la route qui est la rivière ou si c'est la rivière qui est la route : il est vrai que toutes deux sont des chemins ; seulement, j'en suis fâché pour la définition, mais la Sarre est un chemin qui souvent ne marche pas. On pourrait renouveler là, presqu'à chaque heure, le passage du Jourdain. Expliquons ce phénomène, qui peut paraître une plaisanterie et qui n'est cependant que la réalité.

La vallée du Blanc-Rupt est parsemée de scieries, accessoires indispensables de ses forêts ; à égales distances, à peu près, se trouvent ces usines mues par l'eau qui débitent les troncs des grands arbres abattus. Pour faire marcher ces scieries, il faut une chute d'eau qui, tombant sur la roue, la fasse tourner. Comme la vallée est excessivement resserrée, et que, de chaque côté de la rivière, le terrain monte en pente, les propriétaires creusent un canal qui, par une inclinaison bien ménagée, et par des circuits habilement dessinés, part de la rivière et va aboutir à la scierie qui se trouve toujours à une assez grande distance : si bien que la chute d'eau est plus ou moins forte, selon que le canal est plus ou moins long, plus ou moins bien dessiné. Après avoir servi de moteur, l'eau ne prend quelquefois pas le temps de rentrer dans la rivière et se jette immédiatement dans le canal de la scierie voisine. Telle est l'explication de cette énigme.

Toutefois, à certains moments, la Sarre, qui semblait n'être pas même tout-à-l'heure un ruisseau, devient un torrent ; elle rappelle à la vue ces magnifiques rivières de Fribourg en Brisgau, à la pente si prononcée, roulant avec fracas leurs eaux limpides et écumantes sur un lit de pierres blanches et polies comme le marbre : tableau plein de fraîcheur et de beauté, moins sauvage que celui d'un torrent, plus pittoresque et surtout plus varié que celui d'une simple rivière. La Sarre n'affiche pas les mêmes prétentions et ne revendique pas pour elle les mêmes éloges : cependant, à certaines époques de l'année, son lit, à sec tout-à-l'heure, s'emplit d'une eau qui s'étend d'abord comme une nappe, puis qui précipite son cours, et enfin devient une espèce de torrent faisant jaillir à une assez grande hauteur l'écume qui déferle sur les rives, se précipitant avec une sorte de furie contre les ponts, les racines d'arbres, les rochers et tout ce qui s'oppose à son passage. Ce phénomène dure dix minutes environ, puis ce torrent n'est plus qu'un mince filet d'eau, cette grande voix plus qu'un léger murmure. Comment expliquer encore ce fait extraordinaire ? D'une manière bien simple : c'est un miracle qui, comme tant d'autres, n'a rien que de très naturel, car il n'est qu'une des mille transformations de l'industrie humaine. Comme les chemins sont impraticables dans ces contrées, on a dû chercher à se servir de l'eau pour enlever les produits des forêts. La rivière de Sarre ne pouvant, d'après son petit volume, se charger de cette rude besogne, on a imaginé de construire, à des distances à peu près égales, des barrages qui retiennent les eaux et forment des bassins d'une assez grande étendue. Lorsqu'ils sont remplis, au bout de six ou huit heures à peu près, on lève l'écluse, et la masse des eaux, se précipitant dans le lit de la rivière, entraîne avec elle les flottes qu'elle rencontre et qui vont aussi de station en station, c'est-à-dire d'étang en étang, jusqu'au point où la rivière devient navigable et flottable.

Si nous suivons les flottes, nous arriverons rapidement à la sortie de la vallée du Blanc-Rupt : là, nous verrons se dresser les ruines du château de Turquestein, bâti d'une façon pittoresque sur un rocher à pic. Ancienne résidence des seigneurs et des ducs de Lorraine, elle est, hélas ! aujourd'hui celle de fermiers : l'antique manoir féodal a été remplacé par une maison de garde. De l'autre côté, en remontant cette vallée de cinq lieues d'étendue, parsemée seulement d'une trentaine de maisons et de scieries, se dresse le géant de cette partie des Vosges : le Donon, remarquable par les trois grandes vallées auxquelles il donne naissance où coulent, dans des directions opposées, la Sarre, la Brusche et la Plaine, et par les pierres druidiques qui couronnent son sommet. Dom Calmet veut qu'un temple, consacré à Mercure, dont il donne même les dimensions, ait été construit sur le Donon; il veut aussi que les inscriptions et les bas-reliefs qui se trouvaient à l'extrémité orientale du terre-plain soient des tombes de druidesses : je m'incline devant sa science ; seulement, je crains les archéologues et leurs assertions, en me rappelant qu'il a été sérieusement affirmé que la montagne dont nous parlons avait été le lieu de sépulture de Pharamond, à cause peut-être du village de Framont, qui est voisin. N'y aurait-il pas lieu de redouter que les savants de l'avenir, scrutant, dans plusieurs siècles, les inscriptions actuellement existantes, mais alors presqu'effacées, ne se figurent voir, dans des noms tracés dans des moments de joie et de plaisir, des souvenirs tristes et funèbres ?...

Tout habitant de la vallée n'a pas manqué, et tout touriste ne manquera pas d'aller voir sur cette montagne le splendide tableau d'un lever de soleil. Honni soit le paresseux qui redouterait de se lever à deux ou trois heures du matin pour aller jouir d'un si beau spectacle !

A l'arrivée sur le plateau, l'ombre règne encore dans toute la nature; puis, au levant, on voit, petit à petit, l'horizon se dessiner dans de larges rubans circulaires, composés des sept couleurs de l'arc-en-ciel; c'est comme un avant-coureur du maître, c'est comme une illumination qui prépare son entrée, sans nuire à l'effet qu'il doit produire. Le soleil apparaît enfin, resplendissant, semblable à un gigantesque globe de feu, soleil sans rayons, mais décuplé par l'effet des couches atmosphériques ; puis, lentement, il s'élève de l'horizon, et lentement aussi il éclaire le magnifique tableau qui se développe sous les yeux. Les points les plus rapprochés se distinguent d'abord ; puis, la lumière déroulant pour ainsi dire l'immense étendue de ce beau panorama, fait, de minute en minute, découvrir un horizon plus éloigné : les maisons, les rivières, les forêts, les sinuosités des montagnes, se dessinent les unes après les autres, comme si on levait graduellement un rideau de brouillard. Le spectacle est éblouissant : le Honeck, le Ballon d'Alsace, les vallées de Celles et du Blanc-Rupt, les étangs de Lindre et du Stock, les plaines de la Lorraine, celles de l'Alsace, un long ruban d'argent, le Rhin bordant l'horizon, sont là, sous vos regards émerveillés, comme une immense arène éclairée par les feux du ciel.

A la vue de cet admirable spectacle, on se sent profondément ému, et, songeant au Dieu créateur de ces merveilles, on murmure ces vers de l'un de nos grands poëtes :

> Tout annonce d'un Dieu l'éternelle existence ;
> On ne peut le comprendre, on ne peut l'ignorer :
> La voix de l'univers atteste sa puissance,
> Et la voix de nos cœurs dit qu'il faut l'adorer.

Allez sur les plus hautes montagnes de la Suisse ou des Pyrénées : le spectacle pourra être plus étendu, mais l'impression ne sera pas plus vive.

Maintenant, ces deux excursions faites, la vallée offre encore de véritables beautés ; mais celles-là sont cachées et n'en ont que plus de charmes. Les forêts des Vosges sont, il faut le dire, un des derniers refuges de la nature. Combien je les préfère à celles de la plaine, sans cesse menacées par la hache ! Qu'elles sont plus belles, plus sauvages et plus imposantes ! La main de la nature y a imprimé ce cachet grandiose que ne saurait donner la civilisation, si pâle et si monotone. Ne cherchez pas, toutefois, dans les Vosges, des précipices affreux, des glaces éternelles, des passages difficiles et dangereux, car vous n'y trouverez qu'une nature calme et paisible, quelquefois riante, quelquefois sauvage, mais qui ne dispose jamais ni aux vives émotions ni aux fortes impressions extérieures. Ici, c'est une gorge profonde, d'un aspect si sombre et si lugubre, qu'on l'appelle la *Gorge d'Enfer;* là, c'est un immense rocher qui surplombe le chemin de plus de cinq mètres, abri naturel pour les ouvriers surpris par l'orage ; plus loin, c'est une grotte formée par d'énormes blocs de pierre, asile pour la gent peureuse des chevreuils ou des lièvres ; puis, à côté de ces grandes images, voici tout-à-coup une nature plus riante : une échappée entre deux arbres vous permet d'étendre votre vue dans la vallée ; vous entrez dans une jeune sapinière : la mousse y abonde, les bruyères et les fougères se déroulent devant vos yeux, les oiseaux chantent, le soleil brille, puis, tout-à-coup le silence est interrompu : c'est un ruisseau causeur qui babille et gazouille sous l'herbe, se cachant sous un tapis de mousse et de ronces, et ne montrant à l'œil qu'à de rares intervalles ses eaux de cristal ; ou bien, c'est le gosier éclatant du rossignol du pays, qui entonne sans exorde sa mélodie aérienne sur les branches d'un sapin.

Mais j'en ai dit assez, trop peut-être ; ce n'est pas une églogue que je veux écrire ; aussi ne vous parlerai-je pas de ces mille choses qui arrivent à l'âme comme au visage ; aussi n'essayerai-je pas de vous dépeindre les points de vue agréables et divers que suscite une promenade dans les forêts. On sent le cœur battre plus violemment à l'aspect d'un beau site ; on éprouve une vive émotion, mais on ne peut la décrire ; la parole comme la peinture sont impuissantes à rendre ces grandes images. A ceux qui pensent comme moi, je dirai seulement : — Si vous voulez quelques jours de plaisir, allez visiter les Vosges ; essayez de vivre de la vie des habitants ; enfoncez-vous dans les profondeurs des forêts, le hasard pour guide, et vous trouverez à admirer des spectacles sans nombre, aussi variés qu'intéressants, et dont aucun touriste ne soupçonne l'existence.

III.

La nature exerce sur les mœurs une influence incontestable ; il suffit de parcourir les Vosges pour se convaincre de la vérité de ce principe. Ces vastes forêts, cette végétation indépendante, ont donné naissance à des habitudes où perce un sentiment profond de liberté. Le travail n'est pas, comme dans les villes, une sorte de servage ; il a une physionomie originale, des allures libres et franches qui ne manquent ni de cachet ni de grandeur. Le genre d'industrie de ces contrées mérite certainement une description ; il est peu connu, et cependant il mérite de l'être : permettez-moi d'en esquisser les principaux traits.

L'ouvrier des Vosges passe la plus grande partie de sa vie loin du monde, au milieu des bois, occupé aux différents travaux de l'exploitation forestière.

Autrefois, on lançait les sapins depuis le haut jusqu'au bas de la montagne, tantôt au travers de la forêt, tantôt dans des chemins creux à ce destinés ; on comprend quels dégâts devaient faire ces corps d'arbres qui acquièrent dans leur route une vitesse toujours plus considérable.

Actuellement encore, dans plus d'une partie de la Forêt-Noire, et notamment près du val d'Enfer, on suit ce mode pernicieux d'exploitation ; dans les Vosges, ce moyen, qui n'est que l'enfance de l'art, a presque disparu. Le transport des bois ne se fait plus que par des voies que l'on appelle *chemins de schlitte* : l'ouvrier les trace au travers de la forêt, en les faisant serpenter le long de la montagne, de manière à avoir une pente douce, une inclinaison ni trop faible ni trop forte ; ici, c'est un rocher qu'on fait sauter ; là, c'est un pont qu'on jette sur un ravin ; plus loin, c'est une forte tranchée qu'on creuse dans le sol. Toutefois, ne croyez pas qu'une fois le tracé fait, tout soit fini: non, c'est seulement une difficulté vaincue ; il en reste encore plus d'une : on place au travers de ce chemin, sur toute sa largeur, des jambages, qu'on éloigne de cinquante centimètres chacun ; comme le terrain est en pente et que la schlitte descend toujours, on retient ces jambages par des piquets, si bien qu'après son achèvement, cette voie offre l'apparence d'une échelle sans fin jetée à terre.

Une fois le chemin établi, il faut construire la voiture ; c'est un traîneau solide et léger tout à la fois : solide, parce qu'il doit supporter des charges considérables : léger, parce que, les *tronces* amenées à la scierie, c'est la schlitte sur l'épaule que l'ouvrier remonte en forêt. C'est à la coupe que le schlitteur va chercher le bois à moitié débité ; quand la montagne est trop rapide, le chemin à *ravetons* ne va que jusqu'aux deux tiers de la distance, et, depuis cet endroit, c'est un sentier escarpé qui sert de chemin ; on laisse alors la grande schlitte et on prend ce qu'on appelle un *bouc*, c'est-à-dire un traîneau d'environ un mètre de longueur, sur lequel est attaché l'extrémité d'une tronce, l'autre extrémité traînant à terre. C'est chose admirable et terrible à la fois que de voir ces infatigables ouvriers descendre de tels fardeaux par ces chemins de côte à la pente si prononcée et si rapide. L'homme seul y descend difficilement, et le schlitteur traîne derrière lui un poids considérable : c'est alors qu'il déploie une vigueur inimaginable ; il rassemble tout ce qu'il a de force pour ne pas être entraîné par la tendance naturelle de la charge à le pousser toujours plus violemment ; ses muscles se contractent, il se raidit par des efforts surhumains ; son soulier, qui râcle la terre, y trace un sillon profond. S'il développe ainsi toute son énergie, c'est qu'il sait qu'un faux pas, qu'une contraction des muscles un peu moins forte, peuvent amener un fatal malheur. Ils sont terribles, ces accidents, et c'est bien là certainement le revers de la médaille de cette profession : les plaies que fait la schlitte en passant avec sa pesante charge sur une partie du corps de celui qui la conduit sont béantes et affreuses : ou l'homme est littéralement broyé, ou il est mutilé à jamais ! Et quelles douleurs ne doit-il pas endurer ! Pas de médecin, pas de chirurgien, si ce n'est à cinq ou six lieues; des journées se passent avant que les secours de l'art soient donnés, et pendant ce temps, il souffre de toutes les souffrances des martyrs. S'il survit, il traîne désormais une vie misérable, regrettant ses chères montagnes comme le matelot regrette la mer et ses périls. S'il succombe, ses parents ou ses amis viennent planter une croix au lieu où s'est accompli le funeste accident. Trop souvent, hélas! la schlitte a été un instrument de mort, car bien nombreux sont dans les montagnes ces signes de malheur, qui servent à la fois d'avertissement pour les infortunés qu'une fin semblable peut menacer, et d'hommage pour celui qui n'est plus, mais dont le souvenir reste dans le cœur de tous.

A côté du métier de schlitteur, qui est, certes, le plus périlleux, s'en trouvent d'autres qui ne sont pas sans dangers: l'ouvrier qui, la hache à la main et le crampon au pied, atteint pour l'ébranchage la cime de sapins séculaires, court aussi de sérieux périls: que son pied glisse, que la branche à laquelle il s'accroche cède sous sa pression, et il tombe de cent pieds de hauteur, heureux s'il peut attraper quelques branches inférieures, soit pour l'arrêter, soit pour amortir sa chute.

Le premier travail à faire pour l'exploitation est justement l'ébranchage; autrefois, les arbres tombaient avec leurs rameaux, mais ils causaient des ravages considérables; aujourd'hui que le bois est cher, on évite ces dégâts en abattant toutes les branches. A la cime, on laisse toutefois quelques rameaux, triste couronne qui indique à tous que l'heure du trépas approche.

L'ébranchage terminé, l'abattage commence. Un bûcheron et son aide suffisent pour avoir raison de tout sapin, quelque séculaire qu'il soit; les premiers coups de hache laissent le colosse immobile et comme indifférent; lorsque les plaies sont assez profondes, la scie termine l'œuvre commencée par la hache: c'est une simple lame, terminée à chaque bout par une poignée. Elle avance lentement, mais sûrement, dans le corps de l'arbre, déchirant sa victime, qui crie sous la dent: de moment en moment, on enfonce des coins pour laisser le jeu de la scie et pour faire prendre à l'arbre l'inclinaison qu'il doit avoir, afin de causer le moins de dégât possible; enfin, l'œuvre touche à son terme, quelques fibres de bois restent seulement, on retire l'instrument du supplice et on attend. Le centenaire majestueux, après avoir gardé quelque temps son imposante tranquillité, vacille sur ses bases, s'ébranle et perd l'équilibre; un craquement se fait entendre: c'est la dernière cloison de bois qui se brise, puis un bruit sourd retentit, répercuté d'écho en écho par les montagnes de la vallée: c'est la mort du géant.

Aussitôt, les bûcherons, la scie à la main, le débitent en tronces que le schlitteur viendra bientôt chercher pour les conduire à la scierie. Le sommet de l'arbre, trop petit pour faire une de ces billes qui servent à confectionner les planches, est fendu pour le chauffage : on lui donne la longueur voulue et on ajoute les grosses branches. Avec les petits rameaux, on prépare des fagots; ou, si comme cela arrive dans les Vosges, la main-d'œuvre revient plus cher que le prix d'achat, le propriétaire, convaincu qu'abondance de biens peut quelquefois nuire, est obligé de payer des ouvriers pour ramasser et brûler branches, ételles et écorces, qu'on donnerait pour rien à qui voudrait venir les chercher, mais dont on ne peut trouver le placement, parce que chacun a plus de bois qu'il n'en veut.

Parfois, l'arbre n'est pas assez fort pour donner des planches; alors, après l'avoir ébranché et abattu, on le dépouille de son écorce, on le taille comme une immense poutre carrée et on lui laisse toute sa longueur. C'est la conduite de ces pièces de charpente qui offre le plus de difficultés au schlitteur : elles ont quelquefois vingt mètres de longueur sur quarante centimètres de diamètre : sous chaque extrémité de la poutre, on p'ace un petit traîneau, et le schlitteur, avec l'appui d'un seul aide, dirige cette masse énorme : la plus légère déviation ou la plus petite imprudence peut amener de terribles malheurs : heureusement, les accidents sont rares, car le schlitteur est un ouvrier, non seulement infatigable et vigoureux, mais encore plein d'adresse et d'habileté. Qu'un danger se présente, il l'envisage avec sang-froid, réunit toutes ses forces pour le conjurer, et, si elles sont insuffisantes, il saute de côté, lorsqu'il le peut, et laisse sa charge continuer sa route, sauf à se briser contre le premier obstacle qu'elle rencontrera.

Une fois les troncs descendues sur le port, l'œuvre du ségard commence : il a pour métier de fournir un aliment à l'activité dévorante de cette infatigable machine qu'on nomme scierie et qui, jour et nuit, fonctionne.

Toute scierie se compose d'une manivelle que fait tourner la roue sur laquelle tombe la chute d'eau : à cette manivelle est adaptée une scie qui, fixe et inébranlable, déchire tout ce qui se rencontre sous sa dent ; au moyen d'un engrenage bien simple, un chariot roule à l'encontre de la scie, et sur ce chariot est posée la tronce, que le ségard dispose de manière à donner à la planche l'épaisseur voulue. Dans la Forêt-Noire, le mécanisme est à peu près le même; seulement, au lieu d'une scie, il y en a sept ou huit; je crois que c'est surtout une invention du ségard, être assez paresseux en général, et qui a perfectionné dans ces pays déserts l'art de gagner sa vie en travaillant le moins possible.

En effet, ce système, ingénieux au premier abord, a bien des inconvénients : le temps qu'on semble devoir gagner est perdu par ce fait qu'une plus grande force de résistance étant opposée à la force d'impulsion de la scie, la marche est moins rapide, et même, dans certains moments, lorsque l'eau est *petite*, le mécanisme s'arrête, tandis qu'il pourrait continuer son mouvement si l'obstacle était moins considérable : enfin, les scies placées les unes à côté des autres, ne peuvent être fixées comme une scie isolée ; elles vacillent, et les planches fabriquées sont moins droites et moins nettes. Les Allemands, toutefois, sont enchantés de cette découverte ; il faut leur laisser cette petite satisfaction : ils inventent si peu de choses ! La scierie des Vosges est spacieuse et jusqu'à un certain point confortable ; elle peut confectionner parfois jusqu'à cinquante mille planches par an : on les dispose en carrés sur le port, en attendant que le printemps arrive pour permettre au flotteur de les empaqueter. Ces ouvriers lient ces planches, sur cinq de largeur et dix de hauteur, au moyen de *harts*, c'est-à-dire de jeunes sapins ou de jeunes chênes chauffés et tordus, qui, ainsi préparés, sont les meilleurs liens qu'on puisse imaginer, résistant à toutes les secousses, supportant tous les chocs sans se délier jamais, heurtant les rochers sans que ces nœuds gordiens puissent se briser. Lorsque les planches sont ainsi disposées, on attache cinq ou six de ces radeaux les uns au bout des autres, et, après avoir fait un gouvernail au moyen d'une petite pièce de bois attachée sur l'avant, on lance la flotte à la rivière et on va lever l'écluse qui retient l'eau accumulée dans l'étang supérieur. La masse des eaux échappées du barrage enlève comme en se jouant ce lourd fardeau, qui vole plutôt qu'il ne glisse sur le rapide torrent. Les flotteurs, la gaffe à la main et la hache à la ceinture, guident avec adresse et sang-froid leur flottille à travers les mille sinuosités de cette capricieuse rivière, tantôt dans l'eau jusqu'à mi-corps, comme à la descente des étangs ; tantôt se couchant à plat ventre, pour passer sous les ponts et se redressant aussitôt pour empêcher, par le simple secours de leur gaffe et de leur force personnelle, les planches de se briser en éclats contre des quartiers de rochers. Non seulement les planches, mais les grandes pièces de charpente, c'est-à-dire des arbres de quinze et vingt mètres, sont flottés de cette manière.

Quant au bois à brûler, on le jette dans l'étang, et il part avec le torrent, s'entrechoquant, bondissant, parmi les rochers, se heurtant contre les ponts, dirigé seulement dans sa course folle par quelques hommes qui lèvent les obstacles et rejettent dans le lit les bûches lancées sur la rive.

On n'en finirait pas, si l'on voulait tracer à fond les principaux traits du genre d'industrie de cette contrée ; aussi, je m'arrête, après avoir rendu hommage à cette forte race d'ouvriers infatigables au travail, accoutumés aux privations et exerçant avec courage des métiers durs et pénibles.

IV.

Cette vie solitaire, ces travaux qui laissent l'homme en dehors de tout mouvement général et de tout progrès, donnent naissance à des mœurs et à des coutumes qui sont curieuses à étudier, parce qu'elles ne ressemblent pas à celles du reste de la nation. Toujours au grand air, continuellement en face des beautés de la nature, en contact seulement avec des gens aux mêmes habitudes et aux mêmes goûts, les ouvriers des Vosges ont un cœur honnête, des sentiments simples et naturels, je ne dirai pas naïfs, car ils ont, eux aussi, un grain de cette saillie gauloise, de cette adresse fine et matoise du paysan français, qu'au premier aspect on peut croire d'une bonhomie qui va jusqu'à la bêtise, tandis que, souvent, presque toujours même, sous cette grossière étoffe de chair, sous cet aspect lourd et parfois un tant soit peu idiot, se cache une parfaite connaissance des affaires personnelles, un bon sens supérieur, une malice pointilleuse, qu'il aime surtout à diriger contre ceux qui se croient au dessus de lui.

Les forêts immenses qui s'étendent le long du Blanc-Rupt attirent, pour leur exploitation, les ouvriers non seulement de la vallée, c'est la moindre partie, mais surtout ceux des villages environnants. Dans certaines communes, telles que Saint-Quirin, Angomont, le Val, Raon-les-l'Eau, une bonne partie des habitants gagne la vie au travail des forêts ; aussi demeurent-ils plutôt au Blanc-Rupt que dans tel ou tel village, car c'est là qu'ils résident et séjournent. Ils quittent femmes et enfants le lundi matin, et ne retournent les embrasser que le samedi soir.

Pendant tout le reste du temps, ils vivent, à l'exemple des sauvages, au milieu des bois. Comme les maisons de la vallée sont trop peu nombreuses pour leur donner, avec un gîte, place à la table et au feu, ils sont obligés de construire eux-mêmes leurs demeures. Lorsque vous vous promenez en forêt, vous apercevez de loin, près des chantiers, adossé contre un arbre, quelque chose, un je ne sais quoi, qui offre assez de ressemblance avec la niche d'un cantonnier, pour la forme seulement ; vous avancez et vous voyez, vous qui avez peut-être un logement de cinq cents à mille francs, comment on peut se loger sans payer ni contributions ni loyer.

Dans cette hutte d'environ deux mètres de haut, de un mètre quatre-vingts de large, sur trois mètres de long, trois ou quatre personnes habitent toute une année, sauf les dimanches et jours fériés. La construction en est d'une simplicité primitive : quelques débris de rochers habilement cassés, trois pièces de bois, des planches, des pierres, des écorces et de la mousse : voilà tout ce qu'il faut. On parle de l'habileté du castor : elle n'est rien à côté de celle de l'ouvrier des Vosges. Dans cet étroit espace, où la cage d'une de nos dames à la mode ne pourrait tenir aisément, vous trouvez un logement en miniature. Levez la planche qui repose, d'un bout, à terre, de l'autre, contre la pièce de bois qui forme le faîte : c'est la porte que vous ouvrez, ou bien la fenêtre, car c'est tout un ; regardez dans l'intérieur, et vous verrez devant vous une salle de quelques *pieds* carrés où l'on s'asseoit et où l'on cause; à droite, une cheminée où l'on se chauffe et où l'on fait cuire le dîner ; à gauche, des planches et un peu de paille où l'on dort. Quoique, au premier aspect, cette hutte n'ait pas l'air d'avoir une architecture bien solide, vous pouvez y entrer par le plus violent orage : non seulement elle ne vous ensevelira pas sous ses décombres, ce qui serait peu grave, mais encore elle vous préservera de la plus petite goutte d'eau. Horace a dit : *Aurea mediocritas*; je serais tenté de dire : *Aurea paupertas*, car, allez le soir près de cette cabane, voyez ces hommes fumant leur pipe autour du foyer, écoutez leur conversation, entendez leurs éclats de rire, et dites s'il n'y a pas mille fois plus de gaieté, de cordialité et de franchise dans ce misérable réduit que dans les hôtels les plus somptueux.

Le régime est en rapport avec le logement : des pommes de terre, des pommes de terre et toujours des pommes de terre : tel est le menu de tous les repas. Le lundi matin, l'ouvrier monte à son atelier, une besace sur le dos, dans laquelle se trouve la nourriture de la semaine ; le samedi, il descendra la besace vide. Une cuillère, une marmite, un petit baril duquel le vin n'a jamais coulé : voilà les pièces de ménage ; des patates et un pain de munition : voilà la nourriture. L'ouvrier, le matin, met les pommes de terre dans sa marmite après les avoir dégarnies de leur enveloppe : une fois cuites, il les écrase, en fait une espèce de pâte et mange ; à deux heures, même repas, plus une soupe ; le soir, même repas, moins la soupe : tel est l'ordinaire frugal et invariable de tout ouvrier travaillant en forêt. Quand la pomme de terre est malade, l'ouvrier est malheureux, et prend ce prétexte pour demander une augmentation de salaire, en vue de la mauvaise récolte, sauf à ne plus diminuer, la récolte de l'année suivante fût-elle extraordinaire. Toujours est-il que, depuis un demi-siècle, le régime de l'ouvrier est resté constamment le même, et alors que nous nous évertuons à donner les noms les plus bizarres à des combinaisons gastronomiques, souvent identiques, alors que nous proclamons que la découverte d'un nouveau mets est plus utile à l'humanité que celle d'une planète, la carte du menu des déjeuners et des dîners de l'artisan des Vosges n'a pas changé.

Ce sont là des mœurs et des habitudes qui ont une couleur locale particulière, surtout lorsqu'on sait que partout domine un bien-être, un contentement de soi-même, un bonheur, en un mot, incontestable. Quelle différence de cette médiocrité presque misérable, avec les privations de tant de gens du monde qui, dix fois plus riches que l'ouvrier, matériellement parlant, le sont moralement dix fois moins. On sent le bonheur dans cette vie saine et fortifiante, comme on sent la gêne sous cette quasi-richesse de bien des gens de la ville, qui rognent sur leur pain pour payer d'apparence : pour les premiers, être est tout, paraître n'est rien ; pour les seconds, c'est juste le contraire ; ils se peignent par ce vers de Ponsard :

> Moi qui n'ai pas dîné pour acheter des gants !

Je ne vous demanderai pas quel est le meilleur parti à prendre, car poser la question, c'est la résoudre.

A la différence des gens de la ville, qui ne peuvent se permettre que le luxe d'un ou de deux enfants, l'ouvrier des Vosges laisse toujours la nature agir franchement ; aussi a-t-il des enfants annuellement, comme un revenu. Il est vrai qu'une fois qu'ils ont atteint neuf ou dix ans, il ne les envoie pas au collége, mais bien tout au plus à l'école ; il ne cherche pas à en faire des employés à huit cents francs, obligés de vivre misérablement et d'avoir recours aux expédients les plus désespérés pour acheter un habit et des souliers vernis, mais bien de forts et robustes ouvriers qui travailleront comme leur père et qui, au lieu d'aller mourir jeunes à l'hôpital, se verront revivre dans leurs petits-enfants, alors qu'eux-mêmes seront encore pleins de force et de santé. Il n'est pas rare de voir des ouvriers septuagénaires travailler encore allégrement dans les forêts : c'est que, dans ces pays, on est actif jusqu'au dernier jour : on tombe tout d'un coup ou l'on s'éteint de vieillesse, mais jamais, comme les cadavres ambulants des jeunes vieillards de nos villes, on ne traîne péniblement une vie à charge aux autres et à soi-même. Les infirmités sont rares, et les affections de la moelle épinière, la goutte et tant d'autres, ces maladies des raffinés, sont inconnues. L'ouvrier ne craint qu'une chose, c'est la transition subite du chaud au froid, parce qu'il sait qu'elle engendre presque toujours, soit une fluxion de poitrine, soit un rhumatisme articulaire : il a, pour se guérir, certaines drogues spéciales, car il hait la médecine et les médecins, et cet homme, chose bizarre, que l'on verra courir après une vieille sorcière de la vallée et suivre ponctuellement ses prescriptions ridicules, s'il s'agit d'une maladie de son bétail, ne voudra pas, pour lui-même, s'en rapporter aux lumières de la médecine et fera parade, à l'égard de cette science, du scepticisme le plus insultant et le plus absolu.

Heureux, certainement, sont tous les ouvriers de ces pays! Ils ne connaissent pas le luxe insolent des villes populeuses, les moyens de débauche dont regorgent les grands centres de population, les besoins sans cesse renaissants qui poussent à la dégradation de l'âme comme à celle du corps; ils ne connaissent pas surtout cette plaie si redoutable qu'on nomme le paupérisme. Quoi de plus brutal que les faits? quoi de plus irrésistible que les chiffres? A Nancy, sur cinquante mille habitants, il y en a dix-huit mille inscrits au bureau de bienfaisance ou dans les autres asiles de la charité publique; à Turquestein, il n'y a pas un pauvre; à Saint-Quirin, il n'y a pas dix habitants qui vivent des secours d'autrui. L'ouvrier des Vosges travaille comme un nègre, mais son travail le fortifie et lui apporte l'aisance, la santé, la moralité: l'ouvrier de la ville s'étiole dans un labeur parfois répugnant et aride, qui lui apporte la maladie, un salaire souvent insuffisant et les principes détestables de compagnons d'atelier dépravés et corrompus.

L'ouvrier des Vosges possède, quelque malheureux qu'il soit, un champ de pommes de terre, une vache ou tout au moins une chèvre: le bois ne lui coûte rien, sa maison est à lui, il ensemence son champ et le récolte: il pétrit son pain, prépare même sa résine. Abri, vivre, éclairage, combustible, il peut tout tirer du fonds qu'il habite: la pauvreté pourra être son apanage, mais jamais il ne connaîtra la misère et son triste cortége. L'ouvrier de la ville, au contraire, achète le pain et la viande qu'il mange, la jouissance de la chambre qu'il habite, le bois qu'il brûle, l'huile qui l'éclaire, la toile qui le couvre: tout lui coûte de l'argent, et l'argent est rare; aussi voit-il dans la naissance d'un enfant une calamité plutôt qu'une joie, car c'est une charge de plus à ajouter aux autres déjà si onéreuses. Ces pauvres petits êtres sont, dès leur plus tendre jeunesse, enfermés dans l'atmosphère malsaine d'un atelier, alors que le grand air et l'activité feraient tant de bien à leur constitution faible et délicate! C'est ainsi que, pour contribuer par leur bien minime salaire à l'existence de leur famille, les enfants voient leur santé s'altérer et leur vie morale sacrifiée à leur vie physique; c'est si vrai, que la loi a été obligée de fixer pour ces pauvres créatures un maximum de temps de travail; c'est si vrai, qu'elle les a presque forcés à aller demander à l'école une éducation qui vienne, jusqu'à un certain point, compenser les désastreux effets des mauvais conseils de camarades d'atelier.

Aussi, à la campagne, la multiplicité des enfants est-elle un bonheur, tandis qu'à la ville, c'est un fléau.

Qu'un chômage, qu'un accident arrive: l'ouvrier des Vosges pourra toujours nourrir lui et les siens avec le produit de son champ; il n'a pas de loyer à payer, il laissera plus longtemps à ses enfants des vêtements usés et en lambeaux, mais il vivra et fera vivre sa famille, car il a ce que Cicéron appelle *res angusta domi*, c'est-à-dire les objets nécessaires à l'existence. Qu'une blessure vienne, au contraire, arrêter le travail de l'ouvrier de la ville: aussitôt, la misère la plus affreuse règne dans la famille; sa maladie s'aggrave, car il songe à la position des siens, et son imagination exaltée, plongeant dans l'avenir, lui représente celle qui a partagé sa vie de privations et de labeur, mendiant au coin des rues, et si la mendicité ne remédie pas au dénûment le plus absolu, faisant trafic de la virginité de son enfant. Un mois de maladie peut amener ces terribles conséquences, et alors l'ouvrier, revenu à la santé, voyant les ravages de quelques jours de misère, demande à l'ivresse l'oubli de tous ses maux; dès lors, il n'y a plus pour lui qu'une double alternative en ce monde: c'est l'hospice ou la prison.

Ne sont-ce pas là quelques-unes des différences qui existent entre les ouvriers des grandes villes et les travailleurs des champs? Pour les premiers, la misère est trop souvent l'hôte du foyer; pour les seconds, si elle l'est parfois, c'est un fait exceptionnel. Les uns ont le triste privilége de fournir tout le contingent de ces populations qui naissent et meurent à l'hôpital; les autres ne connaissent l'hospice que de nom, et meurent entourés des soins de leurs parents et de leurs amis.

Songez que c'est la vie non-seulement de l'ouvrier des Vosges, mais de tout paysan ayant un coin de terre, que je vous retrace en ces lignes: songez, par conséquent, que c'est la vie de plus de vingt millions d'habitants. Qu'après cela, messieurs les économistes viennent protester dans de beaux livres, et à grand renfort de belles phrases, contre l'état élémentaire de la population rurale; qu'ils viennent, comparant les chiffres, faire grand bruit de ce que le produit de l'agriculture en Angleterre est bien supérieur à celui de l'agriculture en France: je leur répondrai que j'aime mieux l'agriculture française que l'agriculture anglaise, que l'économie politique est une fort belle science, mais qu'elle est trop basée sur les raisonnements que les faits viennent démentir. Tout *ignorantissime* que je suis en cette partie, je crois humblement que la grande culture anglaise ne peut être comparée à la petite culture française ; que la dernière, contrairement à la première, n'enrichit pas l'Etat, mais fait vivre le plus grand nombre de ceux qui l'habitent ; qu'à côté de quelques rares propriétaires qui, par une habile exploitation, se font un revenu de dix à quinze pour cent, on voit la masse de la population envahir les grands centres industriels, où elle meurt par milliers de misère et de maladie, tandis que nos millions de petits propriétaires, après avoir payé toutes leurs charges, trouvent, avec leur modeste revenu de deux ou trois pour cent, le moyen de pourvoir modestement, mais sûrement, à leur existence. Somme toute, je préfère à la richesse et au revenu considérable, qui fait vivre quelques Crésus peu nombreux, l'*aurea mediocritas* et le revenu moins élevé qui fait vivre la presque totalité de la population d'un pays, et je félicite le campagnard de rester tel et d'éviter de devenir citadin, parce que je suis convaincu que le sort de l'ouvrier de la campagne est bien supérieur à celui de l'ouvrier de la ville.

Je n'entends, toutefois, pas dire par là que tout est heur pour celui-ci et malheur pour celui-là. Le développement d'une intelligence d'élite et d'un cœur honnête est plus rapide au sein des villes ; on se distingue plus promptement et avec plus d'éclat, et l'humble ouvrier peut devenir, par son intelligence et son travail, industriel de premier ordre ; mais combien s'arrêtent pour un qui marche ! combien tombent pour un qui s'élève ! L'intelligence du travailleur de la campagne, ou plutôt de celui des forêts, est, en général, bien modeste ; il vivra comme a vécu son père, et son fils vivra comme il a vécu lui-même : des instincts honnêtes donnés par la nature, de bons principes inculqués par les parents, la lecture de la Bible : tel est le cercle, toujours le même, dans lequel roulent toutes ces intelligences. Je n'approuve certainement pas cet isolement invariable, cette obstination à n'admettre aucun progrès, et je déplore tout le premier ce *statu quo* perpétuel de tout ce qui constitue la vie intellectuelle, physique et morale des habitants de ces contrées ; seulement, le fait existe, et je le constate. Ces populations ont creusé une ornière et jamais elles n'en sont sorties : oubliées par la civilisation, elles n'en connaissent pas les progrès incessants et merveilleux ; leur histoire est la même qu'il y a un siècle : les faits passent et se succèdent sans qu'elles s'en aperçoivent. Circonstances difficiles, secousses sociales, révolutions terribles, tout ce qui détruit et bouleverse les trouve immobiles, opposant une résistance passive, mais inébranlable à ce flot de principes et d'idées nouvelles qui pourraient renouveler la face du monde sans opérer chez elles le moindre changement. A quelle cause attribuer cette physionomie, ces allures particulières, si peu conformes au courant des idées actuelles ?

A plus d'une, je crois : à l'absence de voies de locomotion, comme chemins de fer, canaux, routes viables ; à la neige qui, pendant une partie de l'année, efface les chemins, assiége les maisons, emprisonne le pays ; enfin et surtout, à l'industrie particulière de ces pays, qui isole l'homme de ses semblables et le fait un peu vivre comme un sauvage au milieu des bois.

Il est, toutefois, dans ces contrées, une coutume qui prouve combien l'homme est sociable, qui démontre combien, malgré les travaux, les habitudes, les tendances isolantes, son instinct le pousse à la fréquentation de ses semblables : je veux parler de la veillée. Entrez le soir dans une scierie, et vous verrez, réunis autour d'une immense cheminée qui, à elle seule, formerait une chambre de nos villes, douze ou quinze ouvriers surveillant avec soin les douze ou quinze marmites dans lesquelles cuit leur souper : la teinte rougeâtre du foyer empourpre toute cette scène, éclairant ces figures énergiques que la perspective d'un bon repas rend gaies et réjouies. Après le souper, la veillée commence : on allume la pipe et on devise jusqu'à neuf heures du soir ; ces hommes inintelligents, sans éducation, occupés toute la journée à des travaux manuels, trouvent moyen de converser deux heures durant tous les soirs, alors que nos jeunes élégants, après dix minutes d'entretien, ont hâte de prendre des cartes, heureuse sauvegarde de la pénurie de leur esprit et de leur conversation.

Toute la nuit, la scierie fonctionne : deux ouvriers se relayent continuellement. Lorsque l'ombre descend dans la vallée, on allume la lampe, on l'attache à un poteau près du mécanisme, et elle projette au loin sa lumière dans l'obscurité, sorte de phare qui guide vers un endroit habité et vers un refuge hospitalier le voyageur égaré ou l'ouvrier anuité et rendu de fatigue. L'hospitalité est un peu écossaise dans les Vosges : on se serrera pour faire place au nouveau venu ; on préparera un modeste repas, s'il a faim ; on lui fera place au lit de camp, dans la chambre des ouvriers contiguë à la scierie, et jamais on ne lui demandera la plus petite rétribution : s'il l'offrait, plusieurs la refuseraient, croyant n'avoir rempli qu'un devoir bien simple et bien naturel, qui n'oblige à aucune reconnaissance. C'est que l'ouvrier est convaincu qu'à la ville comme à la campagne, tout individu à sa place en ferait autant ; c'est qu'en un mot, il se règle constamment sur cette maxime, une des plus belles de l'Ecriture : *Ne fais pas à autrui ce que tu ne voudrais pas qu'on te fît à toi-même.*

Si la scierie a sa veillée, la maison de ferme ou de garde a la sienne aussi : on l'appelle *ava*. On s'y rend le soir, vers huit heures, après avoir couché les enfants. Comme les maisons sont éloignées quelquefois de près d'une lieue, on ne se trouve réuni que vers huit heures et demie, tantôt chez l'un, tantôt chez l'autre. Vieillards et hommes mûrs, jeunes gens et jeunes filles, tous s'asseoient autour du fourneau ou de l'âtre de la cheminée, les hommes la pipe à la bouche, les femmes l'incessante quenouille à la main. Ce sont là des réunions qui ont certainement un grand cachet d'originalité : pas de saluts raides et gourmés en entrant, mais une bonne et cordiale poignée de main ; pas de bougies inondant l'appartement de lumières et éclairant des visages ennuyés et fatigués, mais une lampe primitive suspendue au plafond, et les douces clartés du foyer illuminant des visages heureux et réjouis, images vivantes d'un tranquille bonheur ; pas de mots insignifiants, de phrases alambiquées, de compliments mal tournés, mais un franc patois, expression sincère de ce que le cœur pense et de ce que la bouche prononce ; pas d'orchestre au complet qui accompagne des danses froides et sévères, ressemblant plutôt à un rite funèbre qu'à un exercice de plaisir, mais une musette ou un violon qui fait sauter gaiement des couples, sur le visage desquels le plaisir respire. Il est vrai que ces gens sont gens du peuple ; ils ne connaissent pas le bon ton et les bonnes manières ; ils ne se doutent pas qu'il est de genre d'avoir l'air Anglais, synonyme d'homme ennuyé, ou l'air profond, synonyme d'homme nul : ils ne savent pas leur monde, que voulez-vous ? Plaignez-les de dire tout haut ce qu'ils pensent tout bas, de rire bruyamment, de s'amuser franchement ; mais, pour Dieu ! n'essayez pas de les réformer et de faire du prosélytisme en leur inculquant vos usages et vos habitudes que j'aime mieux ne pas qualifier !

Les Vosges attendront quelque temps encore avant que la civilisation ait passé sur elles, comme sur les autres pays, son niveau, qui, sous prétexte de donner l'unité, donne l'uniformité, d'où naquit un jour, il y a longtemps déjà, l'ennui. Les Vosges résisteront à ce broiement et à ce mélange de mœurs et d'usages ; elles conserveront, au milieu de leurs coutumes rustiques et naïves, celle de la veillée qui rassemble le soir tous les gens que le travail de la journée disperse de côté et d'autre; on y chantera longtemps encore les noëls que l'écho de la vallée a répétés tant de fois; on y dansera encore joyeusement, on y racontera encore ces vieilles histoires que les fils ont reçues de leurs pères et transmettront à leurs enfants, parce que la civilisation n'est pas encore assez forte pour franchir ce cercle de montagnes et cette ceinture d'épaisses forêts de sapins.

La veillée des Vosges ne se passe pas toujours au bruit de la musette et du violon ; la plus grande partie du temps, on se réunit pour travailler en devisant ; les jeunes gens vont babiller avec les jeunes filles que leur cœur a choisies, sans songer au mal, sans le tenter jamais : les relations des sexes sont fréquentes dans ces contrées, et cependant la dépravation des mœurs y est inconnue : si on aime une jeune fille, on se marie, mais on ne la flétrit jamais. Les Vosges sont bien certainement un abri contre la démoralisation si grande des villes : on n'y couronne cependant pas de rosières, comme à Nanterre, mais c'est, soyez-en sûrs, parce qu'on n'a pas besoin d'encourager ainsi la vertu. La veillée dure jusque vers dix heures ; on s'entretient des travaux des champs, des espérances de récoltes, des caquets de la vallée, puis, lorsque la conversation s'allanguit, un des anciens entreprend le récit de quelque histoire fantastique roulant presque toujours sur le thème connu des loups-garous et des revenants ; on tremble en l'écoutant, alors que la pluie bat les vitres, que les rafales de vent s'engouffrent dans la cheminée, que les grands sapins font entendre un lugubre murmure ; mais, le récit fini, l'émotion passe vite, car chacun s'apprête au départ, allume sa lanterne et souhaite bonne nuit à l'hôte du jour. Si vous voyez, vers dix heures du soir, des lumières circuler le long de la vallée, soyez sûrs que ce sont les habitants qui reviennent de la veillée. Quelquefois, lorsque les parents sont retenus à la maison, une jeune fille arrive seule d'assez loin et s'en retourne de même, sans peur comme sans reproche ; lorsqu'on lui demande si elle ne redoute pas les revenants, elle qui vient d'entendre des histoires à faire trembler les plus vaillantes, elle répond par ce proverbe : « *Il faut moins se défier des esprits que des gens qui n'en ont pas.* » L'innocente jeune fille ne craint pas non plus pour sa pudeur, car elle sait que, de temps immémorial, aucun attentat contre les mœurs n'a commis ; car elle est convaincue que sa faiblesse et son isolement sont les meilleures sauvegardes qu'elle puisse avoir dans un pays où l'on connaît à peine de nom les mots *infamie* et *lâcheté*.

Vers Pâques, moment où cessent les veillées, on voit les enfants lancer sur les ruisseaux de petits batelets dont le mât est représenté par une chandelle allumée, ou bien des coquilles de noix remplies d'étoupes enflammées, et chanter en chœur un vieux refrain du pays dont je vous fais grâce.

Une autre coutume des Vosges, qui est d'ailleurs fort répandue dans plusieurs contrées, est celle des feux de la Saint-Jean. Les jeunes gens, la veille de ce jour, vont chercher dans les forêts et dans les maisons de la vallée de nombreux fagots qu'ils portent sur les différents pics de la montagne, et, lorsque l'obscurité est descendue sur la terre, les bois, ordinairement silencieux, retentissent des cris de joie des habitants qui gravissent les hauteurs, la torche de résine à la main : rien n'est curieux comme de voir ces lumières vives et scintillantes se croiser, serpenter, sillonner le long des flancs de la montagne ; puis, toutes ces illuminations partielles se réunir au sommet et se fondre et s'absorber dans l'illumination gigantesque du bûcher dont les tourbillons de feu empourprent magnifiquement le paysage. Qu'une jeune fille visite cinq feux de la Saint-Jean, elle verra se réaliser ses rêves d'amour ; qu'un tison enflammé soit dérobé au foyer, mieux que tous les paratonnerres possibles, il préservera la maison de la foudre et de ses conséquences ; qu'une petite croix de bois soit présentée aux flammes, celui qui la portera échappera aux tentations du démon.

Telles sont quelques unes de ces menues superstitions qui ont survécu, malgré les lumières du christianisme, parce qu'elles se rattachent aux temps les plus reculés dont ces peuples aiment et vénèrent les traditions. Pendant que la flamme, s'élevant dans les airs, dévore et consume l'aliment qui lui est donné, les jeunes gens et les jeunes filles forment des rondes avec une ardeur et une frénésie telles que, lorsque le foyer s'éteint et que la danse s'arrête, on voit autour du bûcher un immense cercle large et creux formé par les pas mille fois répétés des danseurs de la Saint-Jean. C'est un fantastique spectacle que celui qui consiste à voir, à une certaine distance, ces ombres bondissantes, formant une chaîne non interrompue, sauter et courir autour de l'enceinte embrasée en faisant retentir les airs de mille clameurs mêlées aux sons discordants d'instruments de musique aussi primitifs que peu harmonieux. Ces hauteurs, si bruyantes au jour dont nous parlons, sont, le reste de l'année, mortes et désertes : au lieu d'une population nombreuse en habits de fête, c'est à peine si de loin en loin on voit poindre un visage humain. Cette solitude n'est interrompue que par les pâtres de telle ou telle ferme considérable de la vallée, qui viennent, depuis le mois de mai jusqu'au mois de septembre, conduire leurs troupeaux dans ces pâturages si recherchés ; là, dans un misérable châlet, se confectionnent ces fromages dits de Gérardmer, qui sont pour le pays une source de richesse, à cause de l'immense quantité qu'on exporte non-seulement en France, mais à l'étranger.

Ces industries, ces coutumes, ces mœurs des montagnards des Vosges diffèrent essentiellement de celles des habitants des plaines environnantes. Cette physionomie nationale particulière influe même sur la race des hommes. Les habitants de ces pays ont l'aspect rude et sauvage, mais le cœur sensible et généreux ; malgré leur nourriture presqu'entièrement végétale, ils sont robustes et durs au travail. La sobriété était aussi autrefois une de leurs vertus ; depuis quelques années, ils ont fait brèche à cette bonne habitude, et on voit un peu trop souvent circuler dans les sentiers détournés les contrebandiers portant sur l'épaule le baril d'eau-de-vie qu'ils vont vendre dans les maisons de la vallée. Le costume des hommes est ordinairement de couleur sombre ; la longue capote, la petite veste tombant sur les hanches, quelquefois la blouse, le pantalon de drap serré par le bas d'une guêtre en coutil, le chapeau de feutre à larges bords : telle est l'invariable tenue des habitants de la vallée. Les familles du pays sont en majeure partie anabaptistes : cette religion imprime à l'homme un caractère particulier, tant par la physionomie toujours grave et austère de ses adhérents que par l'usage de ne porter que des vêtements de certaines couleurs, auxquels jamais on ne pourra voir un bouton, cet appendice si commode étant prohibé complètement par cette secte, je ne sais pour quel motif. Un habitant de la vallée dira, sans jamais se tromper, si tel ou tel passant est ou non anabaptiste : les adeptes de cette religion doivent, en effet, encore ressembler aux farouches puritains de Charles d'Ecosse, ou même aux fanatiques huguenots de Charles de France : ce sont moins des hommes que des traditions ; c'est ce qui fait qu'au milieu des habitudes originales des contrées où ils vivent, ils ont su conserver un caractère plus original encore. Que l'esprit d'innovation change la face du monde, eux seuls restent ce qu'ils étaient il y a des siècles. Leurs réunions religieuses dans telle ou telle maison de la vallée montrent le rigorisme de leurs principes : écoutez ces chants psalmodiés en langue allemande, ces sermons dont la longueur égale la monotonie : voyez ces têtes toujours attentives, ces rites religieux graves et austères, cette communion des fidèles dans laquelle le corps du Christ est représenté par du pain cassé en morceaux, et le sang par du vin mis dans une simple cruche ; contemplez cette absence complète de tout apparat, de toute pompe religieuse, et dites s'il n'y a pas quelque chose de noble et de grand dans cette religion dont les adhérents, si fortement éprouvés par les malheurs, ont conservé les principes, comme un précieux dépôt, dans leur inébranlable intégrité ?

A la peinture de telles mœurs, il est inutile d'ajouter que ces populations ne reconnaissent d'autre supériorité que celle que donnent les vertus et la bonne renommée : aussi, tout individu dont la probité est douteuse ou qu'une condamnation a flétri, est-il considéré comme un paria et est-il déchu de tout espoir de contracter une alliance dans le pays. Il faut faire exception, toutefois, et exception formelle pour les peines subies pour délit de braconnage. Ce métier est nécessairement fréquent, puisque, dans la masse considérable de plusieurs milliers d'hectares qui entourent et longent le Blanc-Rupt, le gibier petit et gros bonde.

Toutefois, le braconnier de cette partie des Vosges ne fait pas du braconnage son unique profession; aussi est-il à l'eau de rose en quelque sorte; il ne ressemble en rien à celui de tant d'autres contrées de la France, qui est presque toujours destiné tôt ou tard à devenir du gibier de cour d'assises et qui a pour type Rougé, qui, en chargeant son fusil, mettait dans le premier coup, qu'il appelait lui même « coup à gendarme, » des projectiles nécessairement meurtriers, et dans le second, des projectiles ordinaires et destinés au gibier.

Le braconnier des Vosges est plus pacifique; il a quelques petites propriétés; toutefois, il travaille pour vivre, et ordinairement est voiturier; les jours où l'ouvrage fait défaut, il prend son vieux fusil qui a déjà servi à trois ou quatre générations, il endosse une veste dont les poches contiennent ses munitions, il chausse la guêtre en cuir nécessaire pour franchir les ronces et les bruyères, et dans cet attirail va se poster aux bons endroits; il les connait tous, et, sans chien, avec une mauvaise carabine, il tue dix fois plus de gibier que les beaux messieurs de la ville déguisés en chasseurs, qui viennent par groupe de dix ou de vingt, au son des fanfares du cor de chasse, armés de fusils Lefaucheux, suivis d'une meute bruyante, brûler impunément leur poudre dans l'exercice d'un art qui n'en est plus un, lorsque de pareils Nemrods s'en mêlent.

Le braconnier connait les allures de son ennemi, il joue au plus fin avec lui : suivant que le ciel sera sombre ou découvert, il ira dans telle ou telle partie de la forêt; un léger bruit, un pas imperceptible sur le sable, quelques feuilles rongées fraichement lui indiquent de quel côté il doit se diriger pour trouver ce qu'il cherche. En chasse, il ne connait pas la fatigue, et cependant, il part avant le lever du jour et ne rentre qu'à la nuit, après avoir gravi les montagnes, descendu les revers, franchi les précipices par les sentiers les plus courts et, par conséquent, les plus difficiles. Un peu de pain dans son sac, l'eau de la source dans laquelle il le trempe : voilà sa nourriture; une adresse des plus grandes, une connaissance parfaite des lieux, une ardeur infatigable, le feu sacré, en un mot; voilà l'homme au physique : la joie qu'il éprouve en racontant ses hauts-faits et ses prouesses, les interminables discours sur ses connaissances particulières dans l'art de la chasse, les conseils qu'il aime à donner et qu'il ne veut jamais recevoir : voilà l'homme au moral.

Tels sont quelques uns des principaux traits qui distinguent le braconnier des Vosges, dont je ne pouvais me dispenser de parler, car là où se trouve une grande agglomération de forêts, se trouve aussi une grande quantité de gibier, et le braconnage est une conséquence naturelle de cet état de choses. Toutefois, j'ai tenu à réhabiliter ce pays de ce vice inhérent en quelque sorte à sa nature, en montrant combien sont douces et pacifiques les mœurs de ces sauvages habitants des forêts, malgré ce qu'il y a d'âpre et de rude dans leur métier, qui est pour eux un plaisir. Aussi, à la différence des braconniers des autres pays, qui sont pour la société un danger permanent, ceux de cette partie des Vosges ne sont un danger que pour le gibier ; c'est pourquoi l'Etat, voyant que sa sécurité n'est pas menacée, s'occupe fort peu, par l'organe de messieurs les gendarmes, de réprimer un état de choses qui n'a d'ailleurs rien d'excessif.

V.

En présentant ces quelques idées, je n'ai jamais eu l'espoir de peindre l'immense tableau des mœurs et des coutumes de cette partie des Vosges : j'ai voulu seulement esquisser dans la faible limite de mes forces, quelques épisodes auxquels j'ai assisté ; j'ai voulu montrer que, si les provinces s'en vont, il y en a quelques-unes qui restent, qu'il y a encore des pays où la nature existe belle et charmante à l'état de nature ; où l'on n'a pas besoin, pour compléter son bonheur, d'attendre par le chemin de fer le journal politique et par la télégraphie le cours de la Bourse ; où on sait être heureux en pratiquant sa religion et en s'abstenant de passer les trois quarts de la journée au cercle ou au café ; où enfin chacun garde, comme le plus précieux des héritages, la simplicité et les vertus antiques de ses pères.

Maintenant, que tout cela soit bel et bon pour les esprits rêveurs et poétiques, mais que les gens profonds et sérieux s'en affligent, je le veux. Que ces derniers demandent à grands cris la fusion de tout et de tous ; que leur idéal soit qu'en politique, qu'en institutions, qu'en industrie, tous les peuples du globe ne forment qu'un seul peuple, je veux croire que c'est le côté vrai de ce qu'on peut appeler une utopie sociale ; mais, sans m'arrêter à ces théories élevées que les habiles et les savants sont seuls capables d'élucider, et pour lesquels, par conséquent, je suis tout à fait incompétent, je désire constater ce fait qu'au milieu de l'uniformité de mœurs dans laquelle nous vivons, il y a encore quelques contrées qui ont gardé une fidélité constante à leurs anciens et traditionnels usages, qui sont restées ce qu'elles étaient autrefois, avec leur physionomie particulière et originale. Je désire faire plus, je désire m'incliner devant ce respect du passé, et, par ce travail, montrer que nous pouvons être heureux en suivant la voie qu'ont suivie nos pères, en ne cherchant pas sans cesse à franchir les bornes de notre condition, mais seulement à les reculer en l'améliorant le plus possible. N'est-ce pas là le secret du bonheur des peuples que nous venons d'étudier? A la différence des pays civilisés, dont, suivant la pensée de Montesquieu, les habitants ne sont jamais heureux par ce seul fait qu'ils croient les autres plus heureux qu'ils ne le sont réellement, les montagnards des Vosges connaissent le véritable bonheur, parce qu'ils sont contents de leur sort et n'envient pas celui des autres. C'est une douce philosophie qui, des campagnes, devrait bien pénétrer dans les villes : elle répandrait partout sa pure et bienfaisante influence et calmerait bien des passions irritantes, filles de l'envie et de la jalousie, deux vilains défauts de notre siècle.

Croyez que ces peuples, inébranlables dans leurs mœurs simples et pures comme les rochers dans les montagnes qu'ils habitent, sont dignes d'une étude sérieuse ; croyez que les connaître, c'est les aimer et s'attacher à eux par un sentiment profond et sympathique, trop partial, peut-être. En présence de cet amour local, en si haute vénération parmi eux, on se demande si la civilisation aura jamais prise sur des habitudes aussi profondément ancrées : c'est difficile à croire, mais ce n'est pas impossible ; aussi avons-nous esquissé ces quelques lignes dans cette prévision, agissant en cela comme ceux qui fixent sur la toile les traits d'une personne qui leur est chère, pour qu'elle survive à la mort. Le crayon a été bien mauvais, mais l'intention était bonne : pardonnez en sa faveur.

www.ingramcontent.com/pod-product-compliance
Lightning Source LLC
Chambersburg PA
CBHW060915050426
42453CB00010B/1741